# Concerto in D minor

for Violin and String Orchestra

Violino II

FELIX MENDELSSOHN (1809-1847)
Edited by YEHUDI MENUHIN

## I

55
60
65
70
74
79
87
92
97
106
cresc.
111
115

119
123
127
133
138
146
150
155
159
164
169

173
178
182
187
191
196
201
205
211
215
221

226
trem.
232
f
pp
237
1
pp
242
ff
247
p
252
cresc.
258
p
263
1
1
268
1
2
2
ff
pp
cresc.
f
277
281

# II

90
96
4
2
rall.
1
tpo.
1
107
5
f
117
124
130
134
139
ff
144
1
pp
151
4
[p]
161
172
f

185
fp
197
cresc.
f
203
208
213
sost. tranq.
f
p
221
pp
227
236
attacca subito

# III

Allegro
[p]
6
12
f

18
27
3
36
[p]
42
4
50
1
f
56
1
p
62
68
74
80
ff
87
96
4
5
Adagio
4
accel.
Adagio

Presto
tempo I
[P]
pizz.
arco
rall.
ril.
ff
f
pp

199
204
211
219
226
232
240
247
254
261
267
273
tempo

ISMN 979-0-3007-0755-6